Brigitte Penzenstadler

Kreativ schreiben

im Deutschunterricht der Sekundarstufe I

Persen Verlag
Horneburg/Niederelbe

Gedruckt auf umweltbewusst gefertigtem, chlorfrei gebleichtem
und alterungsbeständigem Papier.

1. Auflage. 2004
Nach der Neuregelung der deutschen Rechtschreibung

Illustrationen: Daniel Sommereisen
Gesamtherstellung: Ludwig Auer GmbH, Donauwörth
ISBN 3-89358-**897**-3

Inhaltsverzeichnis

Apfel

elApfelApfelApfelA
elApfelApfelApfelApfelA
lApfelApfelApfelApfelApfe
pfelApfelApfelApfelApfelApf
felApfelApfelApfelApfelApfel
ApfelApfelApfelApfelApfelApfe
felApfelApfelApfelApfelApfel
ApfelApfelApfelApfelApfelApfe
felApfelApfelApfelApfelApfel
pfelApfelApfelApfelApfelAp
lApfelApfelApfelWurmAp
lApfelApfelApfelApfelA
felApfelApfelApfelA
felApfelApfelA
felApfelA

Reinhard Döhl

Denke dir selbst ein ähnliches Gedicht aus, das

- aus einem Wort besteht,
- die Form eines Gegenstandes, einer Pflanze oder eines Tieres hat und
- ein fremdes Wort beinhaltet.

Mit Hilfe eines Computers kannst du deinen Entwurf auch entsprechend gestalten. Probiere es aus!

R. Döhl: Apfel. Aus: Eugen Gomringer (Hrsg.): konkrete poesie, Reclam, Stuttgart: 1972.

Wind

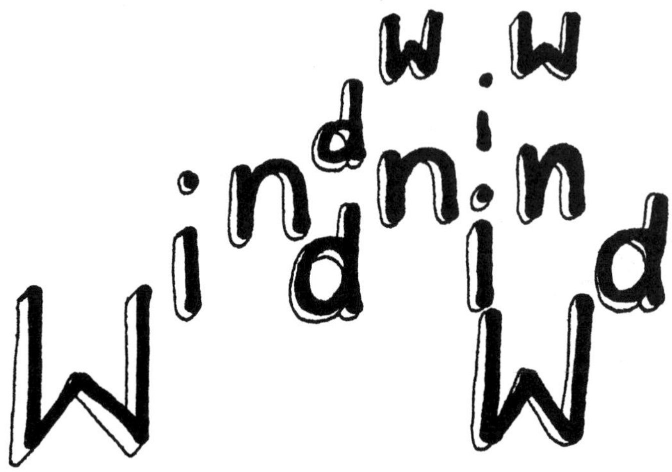

Eugen Gomringer

Gewiss hast du auch Ideen, solche Wortbilder zu entwerfen!

Falls dir nichts einfällt, versuche dich zuerst an:

eins – Schlange – Kreis – schräg – senkrecht

E. Gomringer: Wind. Aus: Eugen Gomringer (Hrsg.): konkrete poesie, Reclam, Stuttgart 1973.

Rautengedichte

Wasser
rinnt, tost,
plätschert und schäumt,
speist den nahe gelegenen Bach.
Wasser ist Leben,
erfrischt, kühlt
alles.

Stern
leuchtet
hell und klar
schwarzer Himmel
Sternschnuppe
löst sich
fällt

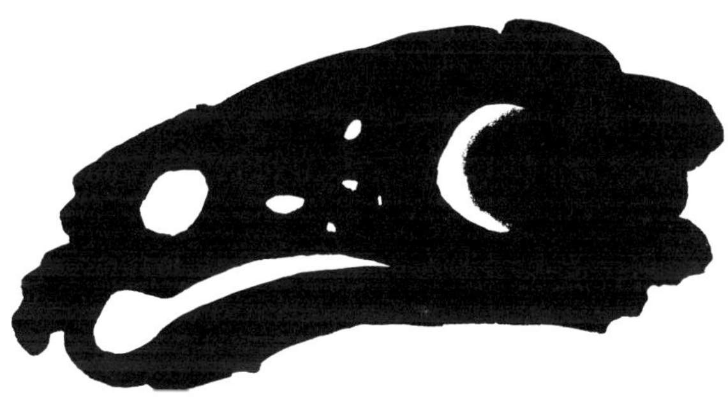

Überlege dir einen Gegenstand, einen Naturzustand, ein Gefühl, … zu dem du schreiben möchtest, und gehe dann so vor:

1. Zeile: 1 Wort/Silbe
2. Zeile: 2 Wörter/Silben
3. Zeile: 3 Wörter/Silben
4. Zeile: 4 Wörter/Silben
5. Zeile: 3 Wörter/Silben
6. Zeile: 2 Wörter/Silben
7. Zeile: 1 Wort/Silbe

Auch andere Formen sind denkbar.
Probiere aus, deiner Fantasie sind keine Grenzen gesetzt!

Gedicht mit Wende

1944
krieg
krieg
krieg
krieg
krieg
krieg
krieg
krieg
krieg
krieg
krieg
krieg
(markierung einer wende)

1945
krieg
krieg
krieg
krieg
mai

Ernst Jandl

Beschreibe mit einem oder mehreren Wörtern ein Ereignis.

Achte darauf, dass in der letzten Zeile die bisherigen Merkmale widerlegt oder verneint werden!

E. Jandl: markierung einer wende. Aus: Sprechblasen, Luchterhand, Neuwied und Berlin 1970.

Auch ein Urlaubs-Abc

Autofahren
Baden
Camping
Dick werden
Essen
Fotografieren
Geldausgeben
Hitzewelle
Insektenstiche
Johlende Kinder
Kurzprogramme
Lärm
Menschenmassen
Nichts tun
Omnibusse
Postkartenschreiben
Quartier suchen
Ruhe
Sonne
Träume
Unfälle
Verregnete Tage
Warteschlangen
X-mal wandern
Y-mal sich ärgern
Zu Hause!

Alfons Schweiggert

Mein ______________ -Abc

____
____
____
____
____
____
____
____
____
____
____
____
____
____
____
____
____
____
____
____
____
____
____
____
____

Schreibe nun dein eigenes Urlaubs- bzw. Ferien-Abc!
Auch ein Schul-, Freizeit- oder Wochenend-Abc wäre denkbar!

A. Schweiggert: Auch ein Urlaubs-Abc. Aus: Seht wie die Zeit vergeht, Beltz Verlag, Weinheim o. J.

Neue Bildungen, der Natur vorgeschlagen

Der Ochsenspatz
die Kamelente
der Regenlöwe
die Turtelunke
die Schoßeule
der Walfischvogel
die Quallenwanze
der Gürtelstier
der Pfauenochs
der Werfuchs
die Tagtigall
der Sägeschwan
der Süßwassermops
der Weinpinscher
das Sturmspiel
der Eulenwurm
der Giraffenigel
das Rhinozepony
die Gänseschmalzblume
der Menschenbrotbaum

Christian Morgenstern

Schlage der Natur neue Bildungen vor, indem du neue Namen von Pflanzen und/oder Tieren erfindest!

Wie stellst du dir diese Geschöpfe vor? Zeichne!

C. Morgenstern: Neue Bildungen, der Natur vorgeschlagen. Aus: Alte Galgenlieder, Insel Verlag, Wiesbaden, 1958.

Fischers Fritz

Fischers Fritz fischt frische Fische,
frische Fische fischt Fischers Fritz.

Zauberer Zaubelix zaubert zwei zauberhafte Zwergkaninchen,
zwei zauberhafte Zwergkaninchen zaubert Zauberer Zaubelix.

Ida isst immer ihre Ingwerplätzchen im Iglu,
im Iglu isst Ida immer ihre Ingwerplätzchen.

Max macht manche moderne Malerei,
manche moderne Malerei macht Max.

Formuliere Sätze, die aus Wörtern mit gleichen Anfangsbuchstaben bestehen!
Achte auf einen grammatikalisch richtigen Satzbau!

auf dem land

rinininininininDER
brüllüllüllüllüllüllüllEN

schweineineineineineineinE
grunununununununZEN

hununununununununDE
bellellellellellellellEN

katatatatatatatZEN
miauiauiauiauiauiauiauEN

katatatatatatatER
schnurrurrurrurrurrurrurrEN

gänänänänänänänSE
schnattattattattattattattERN

ziegiegiegiegiegiegiegEN
meckeckeckeckeckeckeckERN

bienienienienienienienEN
summummummummummummummEN

grillillillillillillillEN
zirirHrirHrirHrPEN

fröschöschöschöschöschöschöschE
quakakakakakakakEN

hummummummummummummummELN
brummummummummummummummEN

vögögögögögögögEL
zwitschitschitschitschitschitschitschERN

Ernst Jandl

Schließe die Augen und lausche auf die Geräusche um dich herum!
Ahme das Gehörte wie im obigen Gedicht nach!

E. Jandl: auf dem land. Aus: Gesammelte Werke, Luchterhand, Darmstadt und Neuwied 1985.

Typische Geräusche

Beschreibe durch die Aufzählung von Wörtern die typischen Geräusche, die du an bestimmten Orten oder bei Ereignissen hören kannst!

Beispiel: **Kindergarten**

schreiend
jauchzend
heulend
lärmend
tobend
jubelnd
laufen Kinder umher.

Mein Gedicht lautet:

Wann Freunde wichtig sind

Freunde sind wichtig
zum Sandburgenbauen,
Freunde sind wichtig,
wenn andre dich hauen,
Freunde sind wichtig
zum Schneckenhaussuchen,
Freunde sind wichtig
zum Essen von Kuchen.

Vormittags, abends,
im Freien, im Zimmer …
Wann Freunde wichtig sind?
Eigentlich immer!

Georg Bydlinski

Wann sind Freunde für dich wichtig?

Notiere deine Gedanken in Gedichtform!

Tipp: Gestalte mit Bildern und Gedichten (vielleicht auch von deinen Freunden) ein kleines Adress- oder Freundschaftsbüchlein!

G. Bydlinski: Wann Freunde wichtig sind. Aus: Wasserhahn und Wasserhenne – Gedichte und Sprachspielereien, Dachs-Verlag, Wien 2002.

W-Lyrik

warum? – was? – wer?
weshalb? – wie? – wo? – wozu?

Entscheide dich für ein einziges Fragewort!

Formuliere damit Fragen, bleibe aber bei einem Grundthema!

Beispiel: **Warum?**

Warum gibt es so viel Müll?
Warum können wir nicht Müll vermeiden?
Warum wird Müll einfach weggeworfen?
Warum müssen viele Tiere und Pflanzen deshalb sterben?
Warum gibt es in unserer Nähe eine Müllverbrennungsanlage?
Warum ist manchen Leuten die Natur egal?
Warum nur? – Warum?

Und jetzt dein Werk:

Wozu?

Wozu sind türen da
zum einbrechen
wozu sind messer da
zum hauen und stechen

wozu sind hände da
zum fäusteballen
wozu sind wege da
zum stolpern und fallen

wozu sind füße da
zum hetzen und jagen
wozu sind köpfe da
zum einschlagen

wozu sind münder da
zu hassgesängen
wozu sind bäume da
zum aufhängen

wozu sind alte da
zum liegen unterm rasen
wozu sind blöde da
zum vergasen

wozu sind völker da
zum blutvergießen
wozu sind menschen da
zum totschießen

wozu sind städte da
zum vernichten
wozu sind kreuze da
zum aufrichten

Frank Hauser

Formuliere jede zweite Zeile so um, dass ein positives Gedicht entsteht!

Zum Beispiel: Wozu sind Türen da
um Freunden zu öffnen

Schultag

Aus den Schreibwarenhandlungen
stürzen Kinder
mit frisch gespitzten Bleistiften.
Der gekritzelte Tag
entsteht auf liniertem Papier.
Das Schulheft riecht
nach Luft und dünnen Strichen.
Im lustigen Wetter leben
die Rechenaufgaben,
die Botanik mit getrockneten
Jahreszeiten.
Alles wird zur Zeichnung,
mit dem Lehrer
in der unteren Ecke,
mit den Ferien oben.

Karl Krolow

Wie sieht dein Schultag aus?
Entwirf ein Gedicht – vielleicht sogar in Mundart!
Zeichne ein passendes Bild dazu!

Was ein Kind gesagt bekommt

Der liebe Gott sieht alles.

Sonntagsspaziergang macht frisch.

Kartoffeln sind gesund.

Schmökern ist schlecht für die Augen.

Du sollst Erwachsenen nicht widersprechen.

Zum Alter ist man ehrerbötig.

Kohlentragen stärkt die Glieder.

Die werden nichts, die nichts taugen.

Ein Kind hält den Mund.

Man spart für den Fall des Falles.

Süßigkeiten sind für den Körper nicht nötig.

Man lacht nicht über ein Gebrechen.

Die schöne Kinderzeit, die kommt nicht wieder.

Man greift nicht zuerst in die Schüssel bei Tisch.

Bertolt Brecht

1. Schneide die Sätze einzeln aus.

   Probiere durch Vertauschen der jeweiligen Zeilen das Originalgedicht wiederherzustellen. Klebe es auf!

2. Solche und ähnliche Sprüche hast du gewiss schon gehört.

   Gestalte nun selber ein derartiges Gedicht!

Sommer

Weißt du, wie der Sommer riecht?
Nach Birnen und nach Nelken,
nach Äpfeln und Vergissmeinnicht,
die in der Sonne welken,
nach heißem Sand und kühlem See
und nassen Badehosen,
nach Wasserball und Sonnenkrem,
nach Straßenstaub und Rosen.

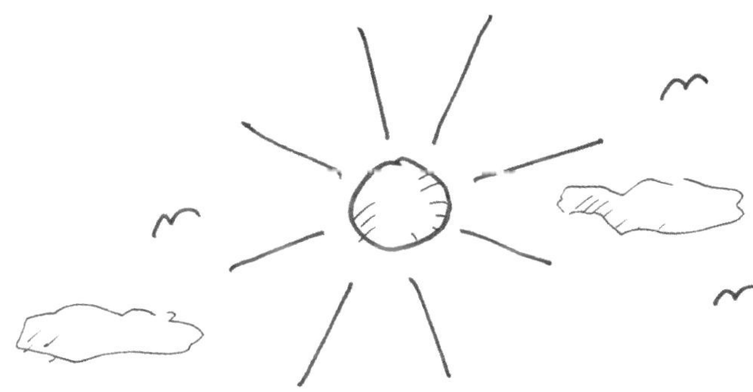

Weißt du, wie der Sommer schmeckt?
Nach gelben Aprikosen
und Walderdbeeren, halb versteckt
zwischen Gras und Moosen,
nach Himbeereis, Vanilleeis
und Eis aus Schokolade,
nach Sauerklee vom Wiesenrand
und Brauselimonade.

Weißt du, wie der Sommer klingt?
Nach einer Flötenweise,
die durch die Mittagsstille dringt,
ein Vogel zwitschert leise,
dumpf fällt ein Apfel in das Gras,
ein Wind rauscht in den Bäumen,
ein Kind lacht hell, dann schweigt es schnell
und möchte lieber träumen.

Ilse Kleberger

Wie riecht, schmeckt, klingt dein Sommer? Vielleicht fühlst du ihn auch oder du siehst ihn. Ergänze zuerst das Cluster, dann formuliere deinen Sommer als Gedicht!

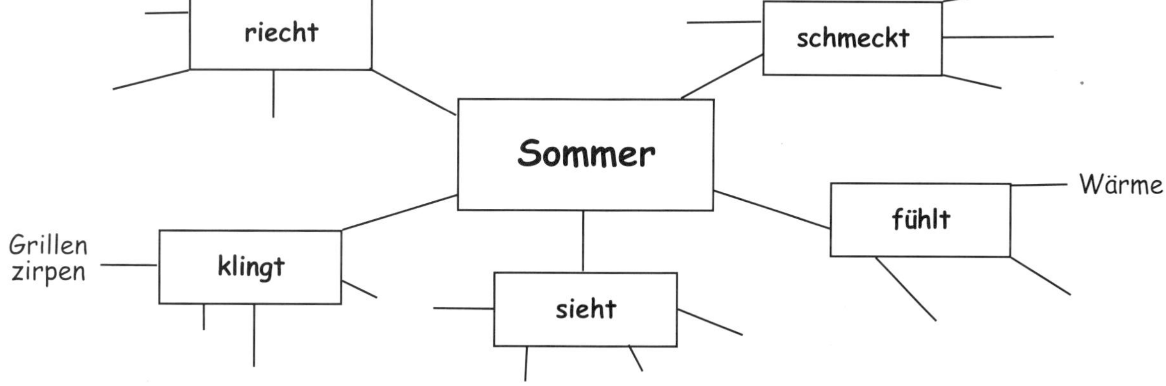

I. Kleberger: Sommer. Aus: Joachim Gelberg (Hrsg.): Die Stadt der Kinder, Georg Bitter, Recklinghausen 1969.

Winternacht

1 ____________ liegt rings die ganze Welt,
2 Ich hab ____________, was mich freuet,
3 ____________ steht der Baum im Feld,
4 Hat ____________ sein Laub verstreuet.

5 Der Wind nur geht bei ____________ Nacht
6 Und ____________ an dem Baume,
7 Da ____________ er seinen Wipfel sacht
8 Und ____________ wie im Traume.

9 Er träumt von ____________ Frühlingszeit,
10 Von ____________ und Quellenrauschen,
11 Wo er im ____________ Blütenkleid
12 Zu Gottes ____________ wird rauschen.

Joseph von Eichendorff

1. Vervollständige das Gedicht mit den nach deiner Meinung passendsten Wörtern!

1 versunken, verschneit, festlich, friedlich
2 nichts, etwas, viel, manches
3 einsam, prächtig, verlassen, schmuck
4 schon, erst, kaum, längst
5 friedlicher, stiller, heller, kalter
6 rüttelt, reißt, schüttelt, zerrt
7 bewegt, rührt, beugt, neigt
8 spricht, flüstert, redet, singt
9 bald'ger, schöner, prächt'ger, künft'ger
10 Grün, Sonnenschein, Wohlgeruch, Musik
11 neuen, festlichen, wunderbaren, strahlenden
12 Dank, Lob, Freude, Ehre

2. Schreibe selbst ein Wintergedicht!
Ob du in Reimform dichtest oder nicht, bleibt dir überlassen.

J. v. Eichendorff: Winternacht. Aus: Gerhard Baumann/Siegfried Grosse (Hrsg.): Neue Gesamtausgabe der Werke und Schriften in vier Bänden, Bd. I, J. G. Cotta'sche Buchhandlung Nachf., Stuttgart 1957.

Winternacht

Verschneit liegt rings die ganze Welt,
Ich hab *nichts*, was mich freuet,
Verlassen steht der Baum im Feld,
Hat *längst* sein Laub verstreuet.

Der Wind nur geht bei *stiller* Nacht
Und *rüttelt* an dem Baume,
Da *rührt* er seinen Wipfel sacht
Und *redet* wie im Traume.

Er träumt von *künft'ger* Frühlingszeit,
Von *Grün* und Quellenrauschen,
Wo er im *neuen* Blütenkleid
Zu Gottes *Lob* wird rauschen.

Joseph von Eichendorff

J. v. Eichendorff: Winternacht. Aus: Gerhard Baumann/Siegfried Grosse (Hrsg.): Neue Gesamtausgabe der Werke und Schriften in vier Bänden, Bd. I, J. G. Cotta'sche Buchhandlung Nachf., Stuttgart 1957.

Gefühle pur

Suche dir **einen** Begriff aus und notiere fünf Wörter, die dir spontan dazu einfallen!

Trauer Freude Glück Angst Liebe Wut

Lass diese Wörter in dein Gedicht einfließen!

Des Krieges Buchstaben (1872)

Kummer, der das Mark verzehret,
Raub, der Hab und Gut verheeret,
Jammer, der den Sinn verkehret,
Elend, das den Leib beschweret,
Grausamkeit, die Unrecht lehret,
sind die Frucht, die Krieg gewähret.

Friedrich von Logau

Notiere das Wort **„Frieden“** in Großbuchstaben senkrecht untereinander.

Suche zu jedem Anfangsbuchstaben einen Begriff oder Satz, der mit „Frieden“ in Zusammenhang steht!

Überlege dir weitere Wörter und verfahre ebenso!

F. v. Logau: Des Krieges Buchstaben. Aus: J. Kürschner (Hrsg.): Deutsche Nationalliteratur, Bd. 28, Spemann Verlag, Berlin oder Stuttgart o. J.

Reklame

Wohin aber gehen wir

wenn es dunkel und wenn es kalt wird

aber

was sollen wir tun

und denken

angesichts eines Endes

und wohin tragen wir

unsre Fragen und den Schauer aller Jahre

was aber geschieht

wenn Totenstille

eintritt

Ingeborg Bachmann

Ergänze die fehlenden Textpassagen durch aktuelle Werbetexte bzw. -slogans!

Lies das Original!

I. Bachmann: Reklame. Aus: Anrufung des großen Bären, R. Piper Verlag, München 1956.

Reklame

Wohin aber gehen wir
ohne sorge sei ohne sorge
wenn es dunkel und wenn es kalt wird
sei ohne sorge
aber
mit musik
was sollen wir tun
heiter und mit musik
und denken
heiter
angesichts eines Endes
mit musik
und wohin tragen wir
am besten
unsre Fragen und den Schauer aller Jahre
in die Traumwäscherei ohne sorge sei ohne sorge
was aber geschieht
am besten
wenn Totenstille

eintritt

Ingeborg Bachmann

I. Bachmann: Reklame. Aus: Anrufung des großen Bären, R. Piper Verlag, München 1956.

Gedicht gesucht!

Die Affen

Der Bauer sprach zu seinem Jungen: „Heut in der Stadt, da wirst du gaffen. Wir fahren hin und sehn die Affen. Es ist gelungen und um sich schief zu lachen, was die für Streiche machen und für Gesichter – wie rechte Bösewichter. Sie kraulen sich, sie zausen sich, sie hauen sich, sie lausen sich, beschnuppern dies, beknuppern das, und keiner gönnt dem andern was, und essen tun sie mit der Hand, und alles tun sie mit Verstand, und jeder stiehlt als wie ein Rabe. Pass auf, das siehst du heute." „O Vater", rief der Knabe, „sind Affen denn auch Leute?" Der Vater sprach: „Nun ja, nicht ganz, doch so beinah."

Wilhelm Busch

Bringe den obigen Text in Gedichtform!

W. Busch: Die Affen. Aus: Otto Nöldeke (Hrsg.): Sämtliche Werke, Bd. VI., Verlag Braun & Schneider, München 1943.

Gedicht gesucht!

Die Affen

Der Bauer sprach zu seinem Jungen:
„Heut in der Stadt, da wirst du gaffen.
Wir fahren hin und sehn die Affen.
Es ist gelungen
und um sich schief zu lachen,
was die für Streiche machen
und für Gesichter –
wie rechte Bösewichter.
Sie kraulen sich,
sie zausen sich,
sie hauen sich,
sie lausen sich,
beschnuppern dies, beknuppern das,
und keiner gönnt dem andern was,
und essen tun sie mit der Hand,
und alles tun sie mit Verstand,
und jeder stiehlt als wie ein Rabe.
Pass auf, das siehst du heute."
„O Vater", rief der Knabe,
„sind Affen denn auch Leute?"
Der Vater sprach: „Nun ja,
nicht ganz, doch so beinah."

Wilhelm Busch

W. Busch: Die Affen. Aus: Otto Nöldeke (Hrsg.): Sämtliche Werke, Bd. VI., Verlag Braun & Schneider, München 1943.

Der Renommist

Der Peter war ein Renommist.
Ihr wisst vielleicht nicht, was das ist.
Ein Renommist, das ist ein Mann,
der viel verspricht und wenig kann.

Wer fragte: „Wie weit springst du, Peter?“,
bekam zur Antwort: „Sieben Meter.“
In Wirklichkeit – Kurt hat's gesehn –
sprang er bloß drei Meter zehn.

So war es immer: Peter log,
dass sich der stärkste Balken bog.
Und was das Schlimmste daran war:
Er glaubte seine Lügen gar!

Als man einmal vom Essen sprach,
da dachte Peter lange nach.
Dann sagte er mit stiller Größe:
„Ich esse manchmal dreißig Klöße.“

Die anderen Kinder lachten sehr,
doch Peter sprach: „Wenn nicht noch mehr!“
„Nun gut“, rief Kurt, „wir wollen wetten.“
(Wenn sie das bloß gelassen hätten!)

Der Preis bestand, besprachen sie,
in einer Taschenbatterie.
Die Köchin von Kurts Eltern kochte
die Klöße, wenn sie's auch nicht mochte.

Kurts Eltern waren ausgegangen.
So wurde endlich angefangen.
Vom ersten bis zum fünften Kloß,
da war noch nichts Besondres los.

Die andern Kinder saßen stumm
um Peter und die Klöße rum.
Beim siebenten und achten Stück
bemerkte Kurt: „Er wird schon dick.“

Beim zehnten Kloß ward Peter weiß
und dachte: Kurt erhält den Preis.
Ihm war ganz schlecht, doch tat er heiter
und aß, als ob's ihm schmeckte, weiter.

Er schob die Klöße in den Mund
und wurde langsam kugelrund.
Der Anzug wurde langsam knapp.
Die Knöpfe sprangen alle ab.

Die Augen quollen aus dem Kopf.
Doch er griff tapfer in den Topf.
Nach fünfzehn Klößen endlich sank
er stöhnend von der Küchenbank.

Die Köchin Hildegard erschrak,
als er so still am Boden lag.
Dann fing er grässlich an zu husten,
dass sie den Doktor holen mussten.

„Um Gottes willen!“, rief er aus,
„der Junge muss ins Krankenhaus.“
Vier Klöße steckten noch im Schlund.
Das war natürlich ungesund.

Mit Schmerzen und für teures Geld
ward Peter wieder hergestellt.
Das Renommieren hat zu Zeiten
auch seine großen Schattenseiten.

Erich Kästner

Lies dir das Gedicht genau durch!
Gib den Inhalt mit eigenen Worten als Erzählung wieder!

E. Kästner: Der Renommist. Aus: Der tägliche Kram, Atrium, Zürich 1954.

Fröhlicher Regen

Wie der Regen tropft, Regen tropft,
an die Scheiben klopft!
Jeder Strauch ist nass bezopft.

Und er lacht mit fröhlich weißen Zähnen
und mit kugelrunden, nassen Freudentränen.

Georg Britting

Dichte mit Hilfe der Bilder die fehlenden Strophen!

G. Britting: Fröhlicher Regen. Aus: Sämtliche Werke, List Verlag, München 1987 – 1996, Bd. II, S. 54.

Fröhlicher Regen

Wie der Regen tropft, Regen tropft,
an die Scheiben klopft!
Jeder Strauch ist nass bezopft.

Und er lacht mit fröhlich weißen Zähnen
und mit kugelrunden, nassen Freudentränen.

Georg Britting

Durch das Gras hin läuft, wie eine Schneckenspur, ein Streifen weiß beträuft.	und im breiten Schwall auf den Weg bekiest stürzt Fall um Fall.
Das stürmische Wasser schießt in die Regentonne, dass sie überfließt,	niesend fasst er in der Bäume Mähnen, lustvoll schnaubend in dem herrlich vielen Wasser.
Und der Regenriese der Blauhimmelhasser, Silbertropfenprasser,	Wie der Regen springt! In den Blättern singt eine Silberuhr.

Schneide die einzelnen Abschnitte aus und bringe sie in die richtige Reihenfolge!
Die Bilder helfen dir dabei. Vergleiche anschließend dein Werk mit dem von Georg Britting!

G. Britting: Fröhlicher Regen. Aus: Sämtliche Werke, List Verlag, München 1987 – 1996, Bd. II, S. 54.

Fröhlicher Regen

Wie der Regen tropft, Regen tropft,
an die Scheiben klopft!
Jeder Strauch ist nass bezopft.

Wie der Regen springt!
In den Blättern singt
eine Silberuhr.
Durch das Gras hin läuft,
wie eine Schneckenspur,
ein Streifen weiß beträuft.

Das stürmische Wasser schießt
in die Regentonne,
dass die überfließt,
und im breiten Schwall
auf den Weg bekiest
stürzt Fall um Fall.

Und der Regenriese,
der Blauhimmelhasser,
Silbertropfenprasser,
niesend fasst er in der Bäume Mähnen,
lustvoll schnaubend in dem herrlich vielen Wasser.

Und er lacht mit fröhlich weißen Zähnen
und mit kugelrunden, nassen Freudentränen.

Georg Britting

G. Britting: Fröhlicher Regen. Aus: Sämtliche Werke, List Verlag, München 1987 – 1996, Bd. II, S. 54.

November

Solchen Monat muss man ______________________:
Keiner kann wie dieser ______________________,
keiner so verdrießlich ______________________
und so ohne ______________________!
Keiner so in Wolken ______________________,
keiner so mit Sturmwind ______________________!
Und wie nass er alles ______________________!
Ja, das ist 'ne wahre ______________________!

Seht das schöne ______________________!
Und die armen welken ______________________,
wie sie tanzen in dem ______________________
und so ganz verloren ______________________!
Wie der Sturm sie jagt und ______________________
und sie durcheinander ______________________
und sie hetzt ohn' ______________________:
Ja, das ist ______________________!

Und die Scheiben, wie sie ______________________!
Und die Wolken, wie sie ______________________
ihren feuchten ______________________
ur und ewig, trüb und ______________________!
Auf dem Dach die ______________________:
Wie sie pochen, wie sie ______________________!
Schimmernd hängt's an jedem ______________________,
einer dicken Träne ______________________.

O, wie ist der Mann zu ______________________,
der solch unvernünft'ges ______________________
schon im Voraus hat ______________________
und die Häuser hohl ______________________,
so dass wir im Trocknen ______________________
und mit stillvergnügtem ______________________
und in wohlgeborgner ______________________
solchem Gräuel schauen ______________________.

Heinrich Seidel

Ergänze die fehlenden Reimwörter sinnvoll!
Halte danach deine eigenen Herbstgedanken fest!

Novemberspaß – Pracht – Schlackerwetter – graulen – Wind – Sonnenschein – loben – zwirbelt – sein – Unterlass – sind – macht – maulen – Blätter – toben – wirbelt – rinnen – gleich – loben – grau – Grausen – bedacht – Zweig – Himmelstau – Ruh – klopfen – hausen – gemacht – Toben – spinnen – zu – Regentropfen

H. Seidel: November. Aus: Gesammelte Schriften, Bd. XI., Verlag A. G. Liebeskind, Leipzig 1893. (Cotta'sche Buchhandlung)

November

Solchen Monat muss man *loben*:
Keiner kann wie dieser *toben*,
keiner so verdrießlich *sein*
und so ohne *Sonnenschein*!
Keiner so in Wolken *maulen*,
keiner so mit Sturmwind *graulen*!
Und wie nass er alles *macht*!
Ja, das ist 'ne wahre *Pracht*!

Seht das schöne *Schlackerwetter*!
Und die armen welken *Blätter*,
wie sie tanzen in dem *Wind*
und so ganz verloren *sind*!
Wie der Sturm sie jagt und *zwirbelt*
und sie durcheinander *wirbelt*
und sie hetzt ohn' *Unterlass*:
Ja, das ist *Novemberspaß*!

Und die Scheiben, wie sie *rinnen*!
Und die Wolken, wie sie *spinnen*
ihren feuchten *Himmelstau*
ur und ewig, trüb und *grau*!
Auf dem Dach die *Regentropfen*:
Wie sie pochen, wie sie *klopfen*!
Schimmernd hängt's an jedem *Zweig*,
einer dicken Träne *gleich*.

O, wie ist der Mann zu *loben*,
der solch unvernünft'ges *Toben*
schon im Voraus hat *bedacht*
und die Häuser hohl *gemacht*,
so dass wir im Trocknen *hausen*
und mit stillvergnügtem *Grausen*
und in wohlgeborgner *Ruh*
solchem Gräuel schauen *zu*.

Heinrich Seidel

H. Seidel: November. Aus: Gesammelte Schriften, Bd. XI., Verlag A. G. Liebeskind, Leipzig 1893. (Cotta'sche Buchhandlung)

Wochenbrevier

Am Montag fängt die Woche an.

____

das taten unsre Ahnen schon.

____

Am Dienstag hält man mit sich Rat.

____

____

bums – ist der Dienstag schon vorbei.

Am Mittwoch fasst man den Entschluss:
Bestimmt, es soll, es wird, es muss,

____

____

Am Donnerstag fasst man den Plan:

____

Gedacht, getan, getan, gedacht.

____

Am Freitag geht von alters her,

____

____

Wer gar nichts tut – macht nichts verkehrt.

Am Samstag ist das Wochenend,
da wird ganz gründlich ausgepennt.

____

____

____

Zur Arbeit ist es nie zu spät.
O Kinder, wie die Zeit vergeht.

Fred Endrikat

1. Setze die unten angeführten Zeilen richtig ein!
Vergleiche deinen Lösungsvorschlag mit dem Original!

Bevor man anfängt, eins, zwei, drei, – Inzwischen ist es wieder Nacht. – ab morgen früh am Donnerstag. – Wir halten streng auf Tradition. – Am Sonntag muss man leider ruhn. – Die Ruhe ist des Bürgers Pflicht. – Von heute ab wird was getan. – Am Montag ruht der brave Mann, – mag kommen, was da kommen mag, – Man sammelt Mut und Kraft zur Tat. – was man auch anfängt, stets verquer. – Heut anzufangen, lohnt sich nicht. – Am Sonntag möcht man so viel tun. – Drum ruh dich aus und sei belehrt:

2. Wie sieht dein Tages- bzw. Wochenablauf aus? Halte ihn in Gedichtform fest!

F. Endrikat: Wochenbrevier. Aus: Eine Auswahl seiner moralischen und „unmoralischen" Verse, Blanvalet Verlag, Berlin 1960.

Wochenbrevier

Am Montag fängt die Woche an.
Am Montag ruht der brave Mann,
das taten unsre Ahnen schon.
Wir halten streng auf Tradition.

Am Dienstag hält man mit sich Rat.
Man sammelt Mut und Kraft zur Tat.
Bevor man anfängt, eins, zwei, drei,
bums – ist der Dienstag schon vorbei.

Am Mittwoch fasst man den Entschluss:
Bestimmt, es soll, es wird, es muss,
mag kommen, was da kommen mag,
ab morgen früh am Donnerstag.

Am Donnerstag fasst man den Plan:
Von heute ab wird was getan.
Gedacht, getan, getan, gedacht.
Inzwischen ist es wieder Nacht.

Am Freitag geht von alters her,
was man auch anfängt, stets verquer.
Drum ruh dich aus und sei belehrt:
Wer gar nichts tut – macht nichts verkehrt.

Am Samstag ist das Wochenend,
da wird ganz gründlich ausgepennt.
Heut anzufangen, lohnt sich nicht.
Die Ruhe ist des Bürgers Pflicht.

Am Sonntag möcht man so viel tun.
Am Sonntag muss man leider ruhn.
Zur Arbeit ist es nie zu spät.
O Kinder, wie die Zeit vergeht.

Fred Endrikat

F. Endrikat: Wochenbrevier. Aus: Eine Auswahl seiner moralischen und „unmoralischen“ Verse, Blanvalet Verlag, Berlin 1960.

An die Eltern

Ihr sprecht

aber ihr wollt nur,

Ihr sagt,

aber euch interessieren nicht

Ihr behauptet,

aber ihr sitzt

Ihr sagt,

aber ihr verlangt,

Ihr sprecht

aber ihr wollt nicht,

Ihr fordert

aber

Klaus Konjetzky

Schreibe das Gedicht **„An die Eltern“** aus deiner Sicht zu Ende!
Vergleiche mit dem Original!

Wie könnte umgekehrt ein Gedicht der Eltern **„An den Sohn bzw. die Tochter“** lauten?

K. Konjetzky: An die Eltern. Aus: Joachim Fuhrmann (Hrsg.): Tagtäglich, Gedichte, Rowohlt, Reinbek 1986.

An die Eltern

Ihr sprecht
von der Verantwortung, die ihr für mich habt –
aber ihr wollt nur,
dass ich so werde wie ihr.

Ihr sagt,
ich sollte mich mehr für Kultur interessieren –
aber euch interessieren nicht
die Lieder der Rolling Stones.

Ihr behauptet,
Fernsehen macht träge –
aber ihr sitzt regelmäßig
vor Dalli Dalli.

Ihr sagt,
es kommt auf den Menschen an –
aber ihr verlangt,
dass ich mir die Haare schneiden lasse.

Ihr sprecht,
von den Erfahrungen, die ihr gemacht habt –
aber ihr wollt nicht,
dass ich in eine Diskothek gehe.

Ihr fordert
Vertrauen und Offenheit –
aber *ihr sperrt, wenn ihr geht,*
das Telefon ab.

Klaus Konjetzky

K. Konjetzky: An die Eltern. Aus: Joachim Fuhrmann (Hrsg.): Tagtäglich, Gedichte, Rowohlt, Reinbek 1986.

Frühling/April

Das erste Grün der Saat, von Regen feucht,
Zieht weit sich hin an niedrer Hügel Flucht.
In Stadt und Land blüht blau der Flieder auf, –
Blau ist die Welt von all den Blütendolden,
Und Himmelschlüssel jeden Grund vergolden,
Zwei große Krähen flattern aufgescheucht
Und Vogelschlag klingt süß zu mir herauf.
Zu braunem Dorngebüsch in grüner Schlucht.

Die jungen Saaten stehen hoch und dicht,
Wie auf der stillen See ein Wölkchen steht,
Sie standen nicht so schön seit langen Jahren, –
So ruhn die Berge hinten in dem Blau,
Auf die ein feiner Regen niedergeht,
Ich sah die Roggenmuhme drüber fahren,
Wie Silberschleier, dünn und zitternd grau.
Lächelnd und stolz im weißen Mittagslicht.

Hier sind zwei Gedichte durcheinander geraten. Wie lauten sie richtig?

Frühling

In Stadt und Land …

Agnes Miegel

April

Das erste Grün der Saat …

Georg Heym

Verfasse nun dein eigenes Frühlingsgedicht!

G. Heym:: April. Aus: K. L. Schneider (Hrsg.): Dichtungen und Schriften, Gesamtausgabe in sechs Bänden, Ellermann, Hamburg – München 1968.

A. Miegel: Frühling. Aus: Frühe Gedichte, J. G. Cotta'sche Buchhandlung Nachf., Stuttgart 1944.

Frühling/April

Das erste Grün der Saat, von Regen feucht,
Zieht weit sich hin an niedrer Hügel Flucht.
In Stadt und Land blüht blau der Flieder auf, –
Blau ist die Welt von all den Blütendolden,
Und Himmelschlüssel jeden Grund vergolden,
Zwei große Krähen flattern aufgescheucht
Und Vogelschlag klingt süß zu mir herauf.
Zu braunem Dorngebüsch in grüner Schlucht.

Die jungen Saaten stehen hoch und dicht,
Wie auf der stillen See ein Wölkchen steht,
Sie standen nicht so schön seit langen Jahren, –
So ruhn die Berge hinten in dem Blau,
Auf die ein feiner Regen niedergeht,
Ich sah die Roggenmuhme drüber fahren,
Wie Silberschleier, dünn und zitternd grau.
Lächelnd und stolz im weißen Mittagslicht.

Hier sind zwei Gedichte durcheinander geraten. Wie lauten sie richtig?

Frühling

In Stadt und Land blüht blau der Flieder auf, –
Blau ist die Welt von all den Blütendolden,
Und Himmelschlüssel jeden Grund vergolden,
Und Vogelschlag klingt süß zu mir herauf.

Die jungen Saaten stehen hoch und dicht,
Sie standen nicht so schön seit langen Jahren, –
Ich sah die Roggenmuhme drüber fahren,
Lächelnd und stolz im weißen Mittagslicht.

Agnes Miegel

April

Das erste Grün der Saat, von Regen feucht,
Zieht weit sich hin an niedrer Hügel Flucht.
Zwei große Krähen flattern aufgescheucht
Zu braunem Dorngebüsch in grüner Schlucht.

Wie auf der stillen See ein Wölkchen steht,
So ruhn die Berge hinten in dem Blau,
Auf die ein feiner Regen niedergeht,
Wie Silberschleier, dünn und zitternd grau.

Georg Heym

Verfasse nun dein eigenes Frühlingsgedicht!

G. Heym:: April. Aus: K. L. Schneider (Hrsg.): Dichtungen und Schriften, Gesamtausgabe in sechs Bänden, Ellermann, Hamburg – München 1968.

A. Miegel: Frühling. Aus: Frühe Gedichte, J. G. Cotta'sche Buchhandlung Nachf., Stuttgart 1944.

Schöne Landschaft

Erde	tut	Landschaft	im	auf
Zeigt	Geheimnis	sich	sein	Schöne
Mitunter	der	Erde	der	Himmel
uns	Spiegel	wir	übrig ließen	was
noch	von	einmal	der	die
war	Ebenbild	sein	zeigt	

Schneide die einzelnen Wörter aus!

Stelle das Gedicht mit Überschrift wieder her, ohne ein Wort zu streichen oder hinzuzufügen und ohne die Schreibweise oder grammatikalische Form zu verändern!

Schöne Landschaft

Mitunter tut sich
der Himmel auf
zeigt sein Geheimnis
im Spiegel der Erde.
Zeigt uns was
wir noch übrig ließen
von der Erde die einmal
sein Ebenbild war.

Ulla Hahn

Ich schreib' dir ein Gedicht

Verfasse aus den vorgegebenen Reimwörtern ein Gedicht!

Zeit – Höflichkeit	süßen – Grüßen	Gabel – Schnabel
Gestammel – Hammel	Mund – Hund	Welt – hergestellt

Ich schreib' dir ein Gedicht

Verfasse aus den vorgegebenen Reimwörtern ein Gedicht!

Zeit – Höflichkeit	**süßen – Grüßen**	**Gabel – Schnabel**
Gestammel – Hammel	**Mund – Hund**	**Welt – hergestellt**

Das Ferngespräch

Ein Mensch spricht fern, geraume Zeit,
mit ausgesuchter Höflichkeit,
legt endlich dann, mit vielen süßen
Empfehlungen und besten Grüßen,
den Hörer wieder auf die Gabel –
doch tut er nochmal auf den Schnabel,
(nach all dem freundlichen Gestammel)
um dumpf zu murmeln: Blöder Hammel!
Der drüben öffnet auch den Mund
zu der Bemerkung: Falscher Hund!
So einfach wird oft auf der Welt
die Wahrheit wieder hergestellt.

Eugen Roth

E. Roth: Das Ferngespräch. Aus: Mensch und Unmensch, Carl Hanser Verlag, München 1961.

Bildzeitung

Du wirst reich sein
Markenstecher Uhrenkleber:
wenn der Mittelstürmer will
wird um eine Mark geköpft
ein ganzes Heer beschmutzter Prinzen
Turandots Mitgift unfehlbarer Tipp,
Tischlein deck dich:
du wirst reich sein.

Manitypistin Stenoküre
du wirst schön sein:
wenn der Produzent will
wird dich Druckerschwärze salben
zwischen Schenkeln grober Raster
missgewählter Wechselbalg
Eselin streck dich:
du wirst schön sein.

Sozialvieh Stimmenpartner
du wirst stark sein:
wenn der Präsident will
Boxhandschuh am Innenlenker
Blitzlicht auf das Henkerlächeln
gib doch Zunder gib doch Gas
Knüppel aus dem Sack:
du wirst stark sein.

Auch du auch du auch du
wirst langsam eingehn
an Lohnstreifen und Lügen
reich, stark erniedrigt
durch Musterungen und Malz-
kaffee, schön besudelt mit Straf-
zetteln, Schweiß,
atomarem Dreck:
deine Lungen ein gelbes Riff
aus Nikotin und Verleumdung.

Möge die Erde dir leicht sein
wie das Leichentuch
aus Rotation und Betrug
das du dir täglich kaufst
in das du dich täglich wickelst.

Hans Magnus Enzensberger

Wähle Überschriften oder Sätze aus Zeitungen oder Zeitschriften aus:
Füge sie zu einem Gedicht zusammen! Achte dabei auch auf den Sinn!

Poesie – Poesie

Wähle dir ein beliebiges Bild aus (Kalenderblatt, Foto, Postkarte) und lasse es auf dich wirken:

Notiere deine Gefühle und Gedanken in Form eines Gedichtes!

Märchen

1

Ein großer blauer Falter ließ sich auf mich nieder
und deckte mich mit seinen Flügeln zu.
Und tiefer und tiefer versank ich in Träume.
So lag ich lange und vergessen
wie unter einem blauen Himmel.

2

Mein Schatten wird immer größer und größer
ich selbst werde immer kleiner und kleiner
klein wie eine Maus.
Mein Schatten wird immer größer und größer
ich selbst werde immer kleiner und kleiner
klein wie ein Punkt.
Wo führt dies hin?
Wo führt dies hin?
In die große und kleine Unendlichkeit.

3

Eine große Beere wächst in der Stille des Waldes.
Sie ist groß wie ein Menschenkopf.
Sie hat zwei leuchtende Augen
und einen Mund, daraus eine lange rote Zunge schießt,
die nach winzigen denkenden Blitzen hascht.

Hans Arp

Was erlebst du im Traum Sonderbares?
Schreibe zu dem Gedicht eine Fortsetzung!

John Maynard

John Maynard!
„Wer ist John Maynard?“
„John Maynard war unser Steuermann,
aus hielt er, bis er das Ufer gewann,
er hat uns gerettet, er trägt die Kron’,
er starb für uns, unsre Liebe sein Lohn.
John Maynard.“

Die „Schwalbe“ fliegt über den Eriesee,
Gischt schäumt um den Bug wie Flocken von Schnee;
von Detroit fliegt sie nach Buffalo –
die Herzen aber sind frei und froh,
und die Passagiere mit Kindern und Fraun
im Dämmerlicht schon das Ufer schaun,
und plaudernd an John Maynard heran
tritt alles: „Wie weit noch, Steuermann?“
Der schaut nach vorn und schaut in die Rund’:
„Noch dreißig Minuten … Halbe Stund’.“

Alle Herzen sind froh, alle Herzen sind frei –
da klingt’s aus dem Schiffsraum her wie Schrei,
„Feuer!“ war es, was da klang,
ein Qualm aus Kajüt’ und Luke drang.
Ein Qualm, dann Flammen lichterloh,
und noch zwanzig Minuten bis Buffalo.

Und die Passagiere, buntgemengt,
am Bugspriet stehn sie zusammengedrängt,
am Bugspriet vorn ist noch Luft und Licht,
am Steuer aber lagert sich’s dicht,
und ein Jammern wird laut: „Wo sind wir? Wo?“
Und noch fünfzehn Minuten bis Buffalo. –

Der Zugwind wächst, doch die Qualmwolke steht,
der Kapitän nach dem Steuer späht,
er sieht nicht mehr seinen Steuermann,
aber durchs Sprachrohr fragt er an:
„Noch da, John Maynard?“
„Ja Herr. Ich bin.“
„Auf den Strand! In die Brandung!“
„Ich halte drauf hin.‘
Und das Schiffsvolk jubelt: „Halt aus! Hallo!“
Und noch zehn Minuten bis Buffalo. – –

„Noch da, John Maynard?“ Und Antwort schallt’s
mit ersterbender Stimme: „Ja, Herr, ich halt’s!“
Und in die Brandung, was Klippe, was Stein,
jagt er die „Schwalbe“ mitten hinein.
Soll Rettung kommen, so kommt sie nur so.
Rettung: der Strand von Buffalo!

Das Schiff geborsten. Das Feuer verschwelt.
Gerettet alle. Nur einer fehlt!

Alle Glocken gehn; ihre Töne schwell’n
himmelan aus Kirchen und Kapell’n,
ein Klingen und Läuten, sonst schweigt die Stadt,
ein Dienst nur, den sie heute hat:
Zehntausend folgen oder mehr,
und kein Aug’ im Zuge, das tränenleer.

Sie lassen den Sarg in Blumen hinab,
mit Blumen schließen sie das Grab,
und mit goldner Schrift in den Marmorstein
schreibt die Stadt ihren Dankspruch ein:
„Hier ruht John Maynard! In Qualm und Brand
hielt er das Steuer fest in der Hand,
er hat uns gerettet, er trägt die Kron’,
er starb für uns, unsre Liebe sein Lohn.
John Maynard.“

Theodor Fontane

Schreibe diese Ballade in eine Zeitungsmeldung um!
Es kann sich hierbei um einen Bericht, ein Interview, einen Kommentar, … handeln!

Th. Fontane: John Maynard. Aus: Edgar Groß/Kurt Schreinert (Hrsg.): Sämtliche Werke, Bd. XX, Nymphenburger Verlagshandlung, München 1962.

Zauberkastengeschichte

Stell dir aus den Kartenvorlagen drei Schubladen zusammen:

Zieh aus jeder der drei Schubladen „wer?“ / „wo?“ / „was?“ je eine Karte.

Erfinde eine fantasievolle Geschichte, in der die vorgegebenen Lebewesen, der Ort und der Gegenstand eine zentrale Rolle spielen!

Auf meinen Karten steht Folgendes:

wo?	wer?	was?

Wer?-Kartenvorlagen

Hexe	Fee	Zauberer
König/in	Prinz/essin	Zwerg
Einhorn	Pferd	Großmutter
Großvater	Vater	Mutter
Geschwister	Onkel	Tante
Freund/in	Klassen-kamerad/in	Affe
Schlange	wildes Tier	Hund
Katze	Stiefmutter	Arzt

Wer?-Kartenvorlagen

Vogel	Elefant	Frosch
Löwe	Fledermaus	Geist
Kind	Wanderer	Direktor
Bettler	weise Frau	Bauer
Greis	Papagei	Sänger
alte Frau	Detektiv	Dieb
Einbrecher	Drache	Herrscher
Bösewicht	Sheriff	Häuptling

Wo?-Kartenvorlagen

Fantasia	Mond	Wunder-land
Mars	Afrika	Feuerland
Amerika	Insel	Schule
Schloss	Ruine	Burg
hohler Baum	Märchen-wald	gläserner Berg
Meer	Wald	See
Dachboden	Keller	Bauernhof
Orient	Wiese	Dschungel

Wo?-Kartenvorlagen

bei Freunden	im Urlaub	verlassene Stadt
Werkstatt	zu Hause	alte Fabrik
Baumhaus	Skipiste	Hütte
Großstadt	Treppenhaus	im Schullandheim
Raumschiff	unbekannter Planet	am Strand
Zelt	Heißluft-ballon	Berggipfel
Abstell-kammer	Schwimmbad	Stall
Kerker	Höhle	U-Bahn

Was?-Kartenvorlagen

Schatz	Zauberstab	Taler
Sand	Tür	Stein
Feder	Füller	Kerze
Ring	Buch	Kiste
Karte	Bild	Glückskeks
Tropfen	Spinnwebe	Seil
Schiff	Foto	Schlüssel
Tuch	alte Kleider	Uhr

Was?-Kartenvorlagen

Tisch	Flugzeug	Kristallkugel
Kette	Tor	Fackel
Boot	Baum	Wasser
Palme	Flasche	Auto
Schwert	Taschenlampe	Brille
Truhe	Baumstamm	Rose
Edelstein	Feile	Rätsel
Kessel	Flöte	Brief

Klassengemeinschaftsproduktion

(ab 4 Schüler/innen)

Vervollständige den Anfangssatz.
Gib das Blatt an deinen rechten Banknachbarn weiter. Du erhältst das Blatt von deinem linken Klassenkameraden.

Lies das bisher Geschriebene, führe es logisch mit einem neuen Satz fort und reiche das Schriftstück nach rechts weiter.

Dies wird so lange wiederholt, bis dein Ursprungsblatt zu dir zurückgekehrt ist. Schreibe einen passenden Schluss und ergänze die Überschrift.

Viel Spaß!

Als ich heute Morgen ______________________________

Aus der Regenbogenpresse

(für 3-6 Schüler/innen)

Bearbeite jeweils nur eine Aufgabe, knicke das Blatt an der gestrichelten Linie nach hinten und reiche es nach rechts weiter! Die vorherigen Antworten sind für dich dabei tabu!

1. Notiere den Namen einer (berühmten) Person!

____

- -

2. Wo wohnt die Person?

____

- -

3. Wie sieht sie aus?

____

- -

4. Welche Eigenschaften hat die Person?

____

- -

5. Welche Hobbys hat sie?

____

- -

6. Was hat die Person einmal gesagt?

____

- -

Entfalte das Blatt. Lies dir die Informationen über die Person durch und schreibe aus diesen Vorgaben eine Story, wie du sie in Boulevardblättern findest!

Sprichwörter und Redewendungen

Verfasse zu einem der nachfolgenden Sprichwörter und Redewendungen ein Märchen oder eine Fabel!

Achte dabei auf die jeweils typischen Gattungsmerkmale!

- Unrecht Gut tut selten gut.
- Lieber den Spatz in der Hand als eine Taube auf dem Dach.
- Ohne Fleiß kein Preis.
- Dummheit und Stolz wachsen auf einem Holz.
- Lügen haben kurze Beine.
- Der Apfel fällt nicht weit vom Stamm.
- Durch Schaden wird man klug.
- Wer andern eine Grube gräbt, fällt selbst hinein.

Bisher streng geheim

Notiere stichpunktartig, was dir spontan zu der Aussage:
„Zu Hause sagen wir aber nichts davon“
einfällt!

Schreibe eine Kurzgeschichte über ein Erlebnis, das bisher streng geheim war!

Ein stürmischer Februarabend

Es war an einem stürmischen Februarabend. Mein Bruder und ich saßen im Kinderzimmer und schmiedeten über den kommenden Fasching Pläne. So recht wollte uns aber nichts einfallen, als was wir uns verkleiden sollten. Da hatte mein Bruder eine geniale Idee: „Oben in der Rumpelkammer steht eine uralte Kiste von Opa. Darin wird sicher etwas Passendes zu finden sein.“ Begeistert stimmte ich zu: „Ich schau sofort nach!“ Im Speicher gab es kein elektrisches Licht, deshalb knipste ich eine Taschenlampe an und stieg langsam die steile Treppe hinauf …

Wie geht es weiter?

In siebzehn Minuten fährt der Zug

Mama will etwas unternehmen. Heute ist nämlich Sonntag, und leider wird sie sonntags immer besonders munter. Jetzt schimpft sie: „Ihr faule Bande. Ihr könnt doch nicht den ganzen Tag vergammeln." Oh doch, ich könnte schon. Ich darf bloß nicht. „Bloß raus aus dem Stadtmief und an die frische Luft", sagt Mama. Wir stöhnen, und sie guckt unzufrieden von einem zum anderen. Dazu schimpft sie: „Und das ist meine Familie!"

Einen Papa haben wir übrigens auch. Der möchte gerne im Sessel sitzen bleiben und Zeitung lesen. Eigentlich ist er nämlich ein Sonntagsfaulenzer. Aber die Faulenzerei fällt aus, weil wir etwas unternehmen müssen. Dumm ist nur, Papa fällt nicht ein, was wir unternehmen könnten. Und Mama fällt heute und auch sonst am Sonntag immer nur ein: „Kinder, wir fahren zu Oma."

Richtig begeistert wirkt keiner von uns. Mama sagt streng: „Erstens … ihr fahrt doch gerne mit dem Zug? Zweitens … Oma freut sich!" Nach dieser Einleitung guckt sie zu Papa: „Ja! Ja!", brummt der und faltet ergeben die Sonntagszeitung zusammen.

„Am Bahnhof gibt's dann auch ein Eis!", verspricht Mama. „Auja!", brüllen Clara, Sebastian, Judith und Anna, die ganze bestechliche Meute. Damit hat Mutter meine kleinen Geschwister herumgekriegt.

Ich glaub', Mama kapiert wohl nie, dass Ausflüge mit diesem Wuselhaufen eine Katastrophe sind. Dazu kommt, sie hat Nerven wie Drahtseile. Und außerdem will sie sonntags einfach unbedingt eine liebe, nette Ausflugsfamilie haben. Die hat sie aber nicht, denn da gibt's unsere kleinen Monster: die Clara, den Sebastian, die Judith und die Anna.

Jetzt wimmeln die Monster alle durcheinander. Und Papa sagt kein Wort davon, dass er lieber zu Hause hocken möchte wie ich. Dieser Feigling! Oh, das wär' toll, wenn wir beide mal zu Hause blieben, Papa und ich! Nichts tun, vielleicht ein bisschen quatschen. Ruhig wär's. Keiner wollte etwas von einem wie sonst. Ich bin nämlich hier die große Schwester, und von der wollen immer alle etwas. Blöd ist das.

Jeder holt jetzt alle möglichen Sachen, die er mitnehmen möchte. Danach wollen sich Sebastian und Clara auf keinen Fall umziehen, müssen das aber. In der Zwischenzeit sucht Judith einen Schuh und Anna einen Strumpf. Und Mama fragt: „Wieso fehlen eigentlich seit Jahren ständig einzelne Strümpfe? Versteckt die einer?"

Keine Ahnung. Papa sucht auch etwas, seinen Geldbeutel nämlich, und Mama sagt: „Der Zug fährt in fünfundzwanzig Minuten. Beeilung! Los!" …

Achim Bröger

Setze die Geschichte fort!

A Bröger: In siebzehn Minuten fährt der Zug. Aus: Stiftung Lesen/Verlagsgruppe Bertelsmann/Deutsche Bahn AG/Mitsubishi Motors/Partner der Stiftung Lesen (Hrsg.): Ich schenk dir eine Geschichte '99 – Neue Reisegeschichten, Omnibus, München 1999.

Geistesblitze

Suche dir einen bequemen und ungestörten Platz im Klassenzimmer.

Schließe die Augen und lass dich von deinen Gedanken tragen.

Schreibe deine Geistesblitze einfach auf.

Beginne nach fünf Minuten eine kleine Geschichte aus deinen Einfällen zu verfassen!

An mein Tagebuch

Lausche den Klängen der Musik.
Vergiss deine Mitschüler,
das Klassenzimmer um dich herum.
Lass den gestrigen Tag
vor deinem inneren Auge Revue passieren.
Verweile bei Erlebnissen, die dir
besonders nahe gingen, etwas länger.

Vertraue Wichtiges/Bewegendes
dem leeren Blatt an!

Zeitreise

Ich träumte, wir befinden uns im Jahr 2500 n. Chr. und die Schule sieht ganz anders aus.

Notiere deine Vorstellungen hierzu!
Lass deiner Fantasie freien Lauf!

Eddi's Reise

Schreibe oder zeichne die Bildergeschichte zu Ende.

Du kannst auch sämtliche Bilder in Worte fassen!

J. Bauer: Eddi's Zeitreise. Aus: Stiftung Lesen/Verlagsgruppe Bertelsmann/Deutsche Bahn AG/Mitsubishi Motors/ Partner der Stiftung Lesen (Hrsg.): Ich schenk dir eine Geschichte '99 – Neue Reisegeschichten, Omnibus, München 1999.

Die Kaninchen, die an allem schuld waren

Es war einmal – selbst die jüngsten Kinder erinnern sich noch daran – eine Kaninchenfamilie, die unweit von einem Rudel Wölfe lebte. Die Wölfe …

Eines Nachts …

Die Wölfe drohten, …

Die anderen Tiere aber, …

So lebten denn die Kaninchen weiterhin in der Nachbarschaft der Wölfe. Eines Tages …

Wochenlang …

„Sie versuchten auszureißen", sagten die Wölfe, „und wie ihr wisst, ist dies keine Welt für Ausreißer."

Moral: Laufe – nein, galoppiere schnurstracks zur nächsten einsamen Insel.

James Thurber

Ergänze den fehlenden Inhalt der Fabel sinnvoll!

Die Kaninchen, die an allem schuld waren

Es war einmal – selbst die jüngsten Kinder erinnern sich noch daran – eine Kaninchenfamilie, die unweit von einem Rudel Wölfe lebte. Die Wölfe ...

erklärten immer wieder, dass ihnen die Lebensweise der Kaninchen ganz und gar nicht gefalle. (Von ihrer eigenen Lebensweise waren die Wölfe begeistert, denn das war die einzig richtige.)

Eines Nachts ...

fanden mehrere Wölfe bei einem Erdbeben den Tod, und die Schuld wurde den Kaninchen zugeschoben, die ja, wie jedermann weiß, mit ihren Hinterbeinen auf den Erdboden hämmern und dadurch Erdbeben verursachen. In einer anderen Nacht wurde einer der Wölfe vom Blitz erschlagen, und schuld daran waren wieder die Kaninchen, die ja, wie jedermann weiß, Salatfresser sind und dadurch Blitze verursachen.

Die Wölfe drohten, ...

die Kaninchen zu zivilisieren, wenn sie sich nicht besser benähmen, und die Kaninchen beschlossen, auf eine einsame Insel zu flüchten.

Die anderen Tiere aber, ...

die weit entfernt wohnten, redeten den Kaninchen ins Gewissen. Sie sagten: „Ihr müsst eure Tapferkeit beweisen, indem ihr bleibt, wo ihr seid. Dies ist keine Welt für Ausreißer. Wenn die Wölfe euch angreifen, werden wir euch zu Hilfe eilen – höchstwahrscheinlich jedenfalls."

So lebten denn die Kaninchen weiterhin in der Nachbarschaft der Wölfe. Eines Tages ...

kam eine schreckliche Überschwemmung und viele Wölfe ertranken. Daran waren die Kaninchen schuld, die ja, wie jedermann weiß, Mohrrübenknabberer mit langen Ohren sind und dadurch Überschwemmungen verursachen. Die Wölfe fielen über die Kaninchen her – natürlich um ihnen zu helfen – und sperrten sie in eine finstere Höhle – natürlich um sie zu schützen.

Wochenlang ...

hörte man nichts von den Kaninchen und schließlich fragten die anderen Tiere bei den Wölfen an, was mit ihren Nachbarn geschehen sei. Die Wölfe erwiderten, die Kaninchen seien gefressen worden und da sie gefressen worden seien, handle es sich um eine rein innere Angelegenheit. Die anderen Tiere drohten jedoch, sich unter Umständen gegen die Wölfe zusammenzuschließen, wenn die Vernichtung der Kaninchen nicht irgendwie begründet würde.

Also gaben die Wölfe einen Grund an.

„Sie versuchten auszureißen", sagten die Wölfe, „und wie ihr wisst, ist dies keine Welt für Ausreißer."

Moral: Laufe – nein, galoppiere schnurstracks zur nächsten einsamen Insel.

James Thurber

Anfang gesucht

Schreibe eine logisch passende Vorgeschichte zum folgenden Ende.

Vergiss nicht die Überschrift!

...

Von diesem Tag an begann es still zu werden, hier bei uns in Knox. Wer es irgend ermöglichen konnte, zog weg. Emily Sawdys und Madisons Mörder aber wurde niemals gefunden, das Vergehen an Helen Fletcher nicht gesühnt. Nur ich habe einen bestimmten Verdacht, doch ich schweige, und sonst weiß niemand, wer der Täter war. Eines aber ist sicher: Es gibt nicht viele Leute in unserer Stadt, die frei sind von Schuld.

Falls dir auch nach langem, gründlichem Überlegen wirklich nichts einfällt, kannst du dir bei deiner Lehrkraft noch den vorletzten Abschnitt der Geschichte holen!

✂--

Vorletzter Textabschnitt:

...

Im April hat dann sogar Reverend Snyder, einer der letzten besonnenen Männer, kapituliert: von der Kanzel aus befahl er uns, den Mörder und seine Helfershelfer zu jagen. Das war am Sonntag vor Ostern, am Tag darauf war die Macht des Winters gebrochen, und die große Schmelze begann. Die Sonne brachte alles an den Tag: am Karfreitag fand man Hattingtons Leiche, hundert Meter vom Zuchthaus entfernt. Weiter war er nicht gekommen bei seinem Ausbruchsversuch im November. Der Schnee hatte die Spuren verschluckt, der Eissarg seinen Körper geschützt.

...

Bericht über Hattington

Der Winter kam in diesem Jahr sehr früh; schon Mitte November hatten wir 15 Grad Kälte, und in der ersten Dezemberwoche schneite es sechs Tage lang hintereinander; am fünften, einem Mittwoch, brach Hattington aus. Er hatte offenbar damit gerechnet, dass der Schnee seine Spuren verschluckte – und diese Rechnung ging auf. Die Hunde verloren die Witterung, und die Gendarmen kehrten im Laufe der Nacht nach Colville zurück.
Am Morgen darauf wurde unser Polizeiposten verstärkt, und Sergeant Smith bekam zwei neue Kollegen: man vermutete nämlich, dass Hattington versuchen würde, auf dem schnellsten Wege zu uns nach Knox zu gelangen, denn hier hatte man ihn, einen seit langem gesuchten Verbrecher, im Mai auf offener Straße verhaftet – wahrscheinlich auf eine Anzeige hin, die von der Kellnerin Hope und dem Tankstellenwart Madison kam, bei denen Hattington in Kreide stand. Die Annahme lag also nahe, dass der Zuchthäusler, um Rache zu nehmen, zuerst nach Knox kommen würde.
Von nun an wohnte die Angst in unserer Stadt. Martha Hope verreiste für einige Wochen, Madison hatte den Revolver entsichert neben dem Bett. Aber auch wir anderen waren in Sorge: nach 10 Uhr abends verließ niemand sein Haus, die Kinder wurden von den Eltern zur Schule gebracht. Die Polizei durchkämmte jeden Winkel: kein Keller und kein Speicher, kein Schuppen und keine Baracke, die man nicht mehrfach durchsuchte; sogar die Kanalisationsschächte wurden geprüft. Doch obwohl sich nirgendwo auch nur die schwächste Fährte fand (kein Anzeichen einer Vermutung, geschweige denn eine handfeste Spur), wollte das Gerücht nicht verstummen, einer unter uns habe den Entkommenen, der nur auf seine Stunde warte, versteckt: einmal sollte es der Schankwirt Ellington, ein andermal der Zeitungshändler Bore, das dritte Mal ein zugewanderter Hausierer sein, der seine Waren zwischen Colville und Baxton verkaufte. Das Misstrauen beherrschte die Stadt; anonyme Briefe wurden geschrieben; im „Colville-Star" fand man geheimnisvolle Annoncen: ACHTET AUF BORE ODER JUDAS ELLINGTON; WO WARST DU AM 4. DEZEMBER?
Erst als Weihnachten und Neujahr vorbeigingen, ohne dass das Geringste geschah, begannen wir wieder Hoffnung zu schöpfen, zumal es jetzt hieß, ein reisender Weinhändler habe Hattington in einer kanadischen Kleinstadt, nahe der Grenze, gesehen. Martha Hope kehrte zurück; Madison verkaufte den Wachhund, in den Wirtschaften war wieder Hochbetrieb, und es hatte den Anschein, als ob unsere Bürger das wochenlang Versäumte in ein paar Tagen nachholen wollten. Die Fenster wurden entriegelt, Sicherheitsschlösser geöffnet, man hörte Lärm und Musik auf den Straßen, und die Maskerade im Saloon, ein Fest wie seit Jahren nicht mehr, dauerte bis gegen sechs Uhr früh.
Aber dann fand man plötzlich, am 11. Januar, unten am Fluss die Leiche von Emily Sawdy, und zwei Tage später wurde Helen Fletcher, ein vierzehnjähriges Mädchen, auf dem Schulweg von einem Maskierten in einen Hausflur gezerrt und in grausamer Weise misshandelt. Hattington, daran (so glaubte man) gab es nun nichts mehr zu deuteln, war also doch in der Stadt... Wer aber hatte ihn versteckt? Madison vielleicht, um sich freizukaufen? Oder Martha Hope, weil sie erpresst worden war? Schwarze Listen machten die Runde; Häuserwände und Gehsteige waren mit Verleumdungen bedeckt; und als am 1. Februar das Drei-Männer-Tribunal beauftragt wurde, das Leben jedes Bürgers genau zu durchforschen, begann eine Hexenjagd, die an die schlimmsten Zeiten denken ließ. Bald gab es kein Geheimnis mehr, das, von Schnüfflern entdeckt, nicht ans Tageslicht kam: Ehemänner, die einmal gefehlt hatten, sahen sich wie Verbrecher behandelt, harmlose Trinker wurden des Mordes verdächtigt; der Frauenverein ließ vor den Kino-Vorstellungen Zettel verteilen, auf denen sich die Bürger ermahnt sahen, den Umgang mit gewissen Leuten, wenn ihnen das Leben lieb sei, zu meiden. Auf der anderen Seite mehrten sich gerade in diesen Tagen unter den jungen Leuten Unordnung und Zuchtlosigkeit. Während die Älteren ihre Häuser nach Möglichkeit nur noch zur Arbeit oder zum Kirchgang verließen, versammelten sich die Jüngeren abends im Wirtshaus, tranken und johlten, pöbelten die Erwachsenen an und errichteten am Ende ein solches Schreckensregiment, dass wir ihrer nur mit Hilfe einer Art von Zivilpolizei, der Bürgerwehr, Herr werden konnten. Schließlich blieb kein anderer Ausweg, als die Rädelsführer kurzweg zu verhaften – und dabei kam dann heraus, dass auch die schlimmsten Radaubrüder sich eher aus Furcht, eines Tages Hattingtons Opfer zu werden, denn aus Übermut zusammenrotteten. Das hat mir wieder einmal gezeigt, wie schnell die allgemeine Raserei im Schatten der Angst und des Schreckens gedeiht. Doch im Übrigen standen die Eltern, was den Vorfall der Sitten betrifft, ihren Kindern nicht nach. Ich selbst habe Nächte erlebt, in denen man mich mehr als ein Dutzend Mal anrief, um mich mit verstellter Stimme zum Boykott angeblich verdächtiger Bürger zu zwingen.
Und dann kam jener 17. März, an dem man Madison erwürgt in seinem Zimmer fand: der Mörder hatte ihm ein Kainsmal auf die Schläfe gebrannt. Von diesem Tag an war es auch den Vernünftigen unter uns nicht mehr möglich, Geduld zu bewahren. Wer jetzt noch zur Besonnenheit mahnte und dem hysterischen Taumel zu begegnen versuchte, sah sich kurzerhand auf die Verdächtigen-Liste gesetzt – und das hieß: eingeworfene Scheiben, zerschlagener Hausrat, Drohungen, Anzeigen, Prügel und Feme. Nur ein paar Wochen noch, und es kam zu Tätlichkeiten unter den Bürgern. Schon Anfang April hatten Fanatiker eine Negerpuppe gelyncht, einige Tage später die Praxis des jüdischen Doktors zerschlagen. Nun ging man einen Schritt weiter: im Zeichen Hattingtons wurden alte, längst verjährte Rechnungen beglichen; Revolver, Messer und Knute regierten, und wer sich widersetzte, dem wurde zum Lohn mit Kreide ein H auf die Haustür gemalt: er ist ein Hattington-Freund; ihr könnt mit ihm tun, was ihr wollt; niemand wird ihm beistehen wollen.
Im April hat dann sogar Reverend Snyder, einer der letzten besonnenen Männer, kapituliert: von der Kanzel aus befahl er uns, den Mörder und seine Helfershelfer zu jagen. Das war am Sonntag vor Ostern, am Tag darauf war die Macht des Winters gebrochen, und die große Schmelze begann. Die Sonne brachte alles an den Tag: am Karfreitag fand man Hattingtons Leiche, hundert Meter vom Zuchthaus entfernt. Weiter war er nicht gekommen bei seinem Ausbruchsversuch im November. Der Schnee hatte die Spuren verschluckt, der Eissarg seinen Körper geschützt.
Von diesem Tag an begann es still zu werden, hier bei uns in Knox. Wer es irgend ermöglichen konnte, zog weg. Emily Sawdys und Madisons Mörder aber wurde niemals gefunden, das Vergehen an Helen Fletcher nicht gesühnt. Nur ich habe einen bestimmten Verdacht, doch ich schweige, und sonst weiß niemand, wer der Täter war. Eines aber ist sicher: Es gibt nicht viele Leute in unserer Stadt, die frei sind von Schuld.

Walter Jens

W. Jens: Bericht über Hattington. Aus: Herr Meister – Dialog über einen Roman, R. Piper Verlag, München 1963.

Baron von Münchhausen erzählt: Jagdabenteuer auf Ceylon (gekürzt)

Es mochten ungefähr vierzehn Tage seit unserer Ankunft verstrichen sein, als mir der älteste Sohn des Gouverneurs den Vorschlag tat, mit ihm auf die Jagd zu gehen, den ich auch herzlich gern annahm. Mein Freund war ein großer, starker Mann und an die Hitze jenes Klimas gewöhnt; ich aber wurde in kurzer Zeit und bei ganz mäßiger Bewegung so matt, dass ich, als wir in den Wald gekommen waren, weit hinter ihm zurückblieb.

Ich wollte mich eben an dem Ufer eines reißenden Stromes, der schon einige Zeit meine Aufmerksamkeit beschäftigt hatte, niedersetzen, um mich etwas auszuruhen, als ich auf einmal auf dem Weg, den ich gekommen war, ein Geräusch hörte. Ich sah zurück und wurde fast versteinert, als ich einen ungeheuren Löwen erblickte, der gerade auf mich zukam und mich nicht undeutlich merken ließ, dass er gnädigst geruhe, meinen armen Leichnam zu seinem Frühstück zu machen, ohne sich nur meine Einwilligung auszubitten. Meine Flinte war bloß mit Hasenschrot geladen. Langes Besinnen erlaubte mir weder die Zeit noch meine Verwirrung. Doch entschloss ich mich, auf die Bestie zu feuern, in der Hoffnung, sie zu schrecken, vielleicht auch zu verwunden. Allein, da ich in der Angst nicht einmal wartete, bis mir der Löwe zum Schusse kam, so wurde er dadurch wütend gemacht und kam nun mit aller Heftigkeit auf mich los. Mehr aus Instinkt als aus vernünftiger Überlegung versuchte ich eine Unmöglichkeit – zu entfliehen. Ich kehre mich um, und – mir läuft noch, sooft ich daran gedenke, ein kalter Schauder über den Leib – wenige Schritte von mir steht ein scheußliches Krokodil, das schon fürchterlich seinen Rachen aufsperrt, um mich zu verschlingen.

Stellen Sie sich, meine Herren, das Schreckliche meiner Lage vor! Hinter mir der Löwe, vor mir das Krokodil, zu meiner Linken ein reißender Strom, zu meiner Rechten ein Abgrund, in dem, wie ich nachher hörte, die giftigsten Schlangen sich aufhielten.

Betäubt – und das war einem Herkules in dieser Lage nicht übel zu nehmen – stürzte ich zu Boden. Jeder Gedanke, den meine Seele noch vermochte, war die schreckliche Erwartung, jetzt die Zähne oder Klauen des wütenden Raubtieres zu fühlen oder in dem Rachen des Krokodils zu stecken. Doch in wenigen Sekunden hörte ich einen starken, aber durchaus fremden Laut. Ich wage es endlich, meinen Kopf aufzuheben und mich umzuschauen, und – was meinen Sie? – zu meiner unaussprechlichen Freude finde ich, dass der Löwe in der Hitze, in der er auf mich losschoss, in eben dem Augenblicke, in dem ich niederstürzte, über mich weg in den Rachen des Krokodils gesprungen war. Der Kopf des einen steckte nun in dem Schlunde des anderen, und sie strebten mit aller Macht, sich voneinander loszumachen. Gerade noch zu rechter Zeit sprang ich auf, zog meinen Hirschfänger, und mit einem Streiche haute ich den Kopf des Löwen ab, so dass der Rumpf zu meinen Füßen zuckte. Darauf rammte ich mit dem unteren Ende meiner Flinte den Kopf noch tiefer in den Rachen des Krokodils, das nun jämmerlich ersticken musste.

Bald nachdem ich diesen vollkommenen Sieg über zwei fürchterliche Feinde erfochten hatte, kam mein Freund, um zu sehen, was die Ursache meines Zurückbleibens wäre.

Nach gegenseitigen Glückwünschen maßen wir das Krokodil und fanden es genau vierzig Pariser Fuß sieben Zoll lang.

Gottfried August Bürger

Denk dir eine unglaubliche Lügengeschichte aus.
Kopiere dabei den Erzählstil des Barons von Münchhausen!

G. A. Bürger: Baron von Münchhausen erzählt/Jagdabenteuer auf Ceylon (gekürzt). Aus: Wolfgang von Wurzbach (Hrsg.): Bürgers sämtliche Werke in vier Bänden, Bd. II., Max Hesses Verlag, Leipzig o. J.

Ideenbörse für Lügengeschichten

① Postkutsche – enge Straße – zweites Fuhrwerk – auf Schultern nehmen – Reise fortsetzen

② Entenjagd – nur ein Schuss – Speckbrocken auf Hundeleine – Enten aufgefädelt – Enten um Schultern hängen – nur betäubt – fliegen – einer Ente nach der anderen den Hals umdrehen

③ silberne Axt werfen – Landung auf Mond – Bohne pflanzen – emporklettern – Axt finden – Ranke vertrocknet – Strick flechten – zu kurz – Strick abhauen und anknüpfen – Sturz – Erdloch – Treppe – Freiheit

④ stattlicher Hirsch – kein Schrot für Flinte – Kirschkerne

⑤ Spaziergang auf dem Meeresboden

⑥ im Magen eines Walfisches

Verfasse mit Hilfe dieser Stichworte jeweils eine Lügengeschichte!

Das große ?

Denk dir einen kurzen Krimi aus!
Verrate die Lösung des Falles nicht, denn das ist Aufgabe des Lesers.

Einzige Bedingung: Du musst folgende Wörter in deine Geschichte einbauen:

Telefonat – verlorener Knopf – verstellte Stimme – Ultimatum

Letters – Letters

Schreibe an einen dieser Adressaten

Lehrer – Vater – Mutter – Bürgermeister – Bruder – Schwester – Oma – Opa – Popstar – Wahrsager – Friseur – Parkwächter – Restaurantbesitzer – Fußballmanager – Freund/in

einen Brief (Beschwerde, Glückwunsch, Einladung, Anfrage, Dankschreiben)!

KOPIERVORLAGE

Puzzle

1. Nummeriere die Textteile in der richtigen Reihenfolge!
   Um welche Textart handelt es sich hierbei? ______________________

Die Schnecke

	„Niederstoßen werd' ich ihn!", sagte sie voll grimmigen Mutes.
	„Er hält nicht stand", sagte sie verächtlich, „er reißt aus, er ist ein Feigling."
	Eine Schnecke, die an einem Bahnsteig wohnte, ärgerte sich alle Tage über einen Schnellzug, der vorbeisauste und sie durch sein ungeschlachtes Benehmen in ihrem behaglichen Geschäfte störte.
	Die Schnecke drehte sich um und sah dem Davoneilenden nach.
	„Das will ich ihm austreiben!", sagte die Schnecke zu sich selbst, stellte sich zwischen den Gleisen auf und steckte drohend ihre Fühler aus, als sie den Zug in der Ferne auftauchen sah.
	Der Zug kam heran und brauste über die Feindin hinweg.

Paul Keller

2. Schreibe den Text in ein Gedicht um!

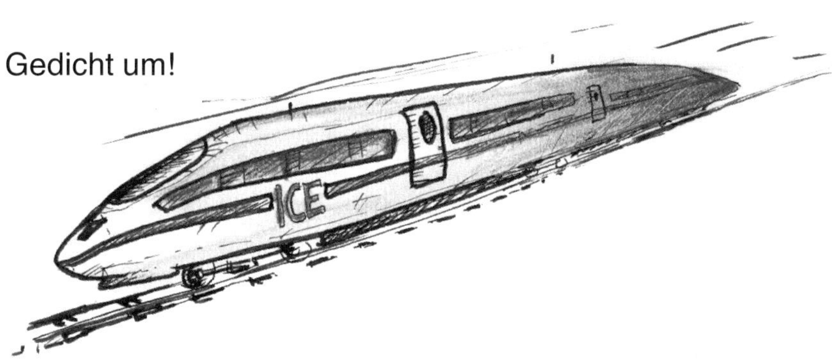

P. Keller: Die Schnecke. Aus: Stille Straßen – Ein Buch von kleinen Leuten und großen Dingen, Allgem. Verlags-Gesellschaft m. b. H., Berlin – München – Wien, 11.–13. Aufl. o. J.

Puzzle

1. Nummeriere die Textteile in der richtigen Reihenfolge!
   Um welche Textart handelt es sich hierbei? *Fabel*

Die Schnecke

3	**„Niederstoßen werd' ich ihn!", sagte sie voll grimmigen Mutes.**
6	**„Er hält nicht stand", sagte sie verächtlich, „er reißt aus, er ist ein Feigling."**
1	**Eine Schnecke, die an einem Bahnsteig wohnte, ärgerte sich alle Tage über einen Schnellzug, der vorbeisauste und sie durch sein ungeschlachtes Benehmen in ihrem behaglichen Geschäfte störte.**
5	**Die Schnecke drehte sich um und sah dem Davoneilenden nach.**
2	**„Das will ich ihm austreiben!", sagte die Schnecke zu sich selbst, stellte sich zwischen den Gleisen auf und steckte drohend ihre Fühler aus, als sie den Zug in der Ferne auftauchen sah.**
4	**Der Zug kam heran und brauste über die Feindin hinweg.**

Paul Keller

2. Schreibe den Text in ein Gedicht um!

P. Keller: Die Schnecke. Aus: Stille Straßen – Ein Buch von kleinen Leuten und großen Dingen, Allgem. Verlags-Gesellschaft m. b. H., Berlin – München – Wien, 11.–13. Aufl. o. J.

Was wäre, wenn …?

Stell dir vor, du bist eines von diesen Dingen:

Abfalleimer | **Haltestellenhäuschen** | **Tisch im Café** | **Kissen**

Versetze dich in die jeweilige Lage. Was hörst, riechst, schmeckst oder fühlst du als …?

Wanted

Ziehe drei Eigenschaftskärtchen!

Trage deine Wörter hier ein:

Formuliere unter Verwendung dieser Adjektive eine Personen- oder Gegenstandsbeschreibung! Zeichne ein Fahndungsbild!

Vorlagen für Eigenschaftskärtchen

groß	klein	dick
dünn	mollig	untersetzt
dürr	glatzköpfig	braun
blau	rot	grün
schwarz	orange	weiß
gelb	violett	hinkend
hoch	winzig	rosa
narbig	männlich	weiblich

Vorlagen für Eigenschaftskärtchen

weit	breit	tief
knapp	schief	modisch
altmodisch	modern	selbstsicher
unsicher	langsam	schnell
gut	wackelig	alt
jung	schwer	leicht
riesig	fleckig	gestreift
blass	böse	rotwangig

Vorlagen für Eigenschaftskärtchen

geduldig	nett	freundlich
hilfsbereit	unfreundlich	streng
rund	eckig	kurz
lang	bunt	spitz
stumpf	hölzern	scharf
glatt	wellig	hell
dunkel	viel	wenig
weich	hart	bärtig

Für die Litfaßsäule

Du hast etwas Neuartiges entdeckt.
Mache für deine neue Erfindung Werbung, so dass jeder diese kaufen möchte.

1. Was hast du erfunden?

____

2. Wie sieht deine Erfindung aus (Größe, Material, Farbe, ...)?

____

3. Wozu ist sie nützlich?

____

4. Was ist besonders an deiner Erfindung?

____

Entwirf ein Plakat, das deine Neuheit zeigt und einen Werbeslogan beinhaltet!

Vertauschte Rollen

„Was soll ich heute Abend kochen?" Das überlegt sich Herbert, während er Schraubenzieher, Hammer und Nägel in den Werkzeugkasten räumt.

Nach Feierabend läuft er noch rasch in den Supermarkt nebenan. Er muss sich beeilen, denn seine Tochter wartet schon in der Kindertagesstätte auf ihn.

Wenn die beiden zu Hause ankommen, sitzt seine Frau meist schon vor dem Fernseher und informiert sich über den neuesten Aktienstand.

Herbert räumt seine Einkäufe in den Kühlschrank und bereitet, wie jeden Tag, das Abendessen vor …

Schildere die Aufgaben, Empfindungen und Gedanken von Herbert!

Du kannst jedoch den Rollentausch auch ganz neu aus der Sicht seiner Frau bzw. Tochter schreiben!

Eine Gerichtsverhandlung in New York

Ich war vor zwei Monaten in New York angekommen und lebte mit zwei Freunden, die wie ich von Deutschland gekommen waren, in einem dunklen schäbigen Zimmer, das uns Mr. Murphy, ein fetter, jähzorniger Ire, vermietet hatte. Wir hatten kein Geld und keine Jobs und lebten von Gelegenheitsarbeiten. Mr. Murphy war ein Witwer mit fünf Kindern und Jimmy war der Jüngste. Das Haus, wo wir wohnten, war eine der riesigen Mietskasernen in dem armseligen, übervölkerten Viertel der Stadt im Süden Manhattans, in dem die erste Generation der Einwanderer lebte – Griechen, Iren, Juden, Franzosen, Deutsche, Russen und Italiener.

Als wir etwa drei Monate bei Mr. Murphy gewohnt hatten, wurde Jimmy krank. Von Anfang an sah es ziemlich hoffnungslos aus. Kurt, der früher ein prominenter Kinderarzt in Berlin gewesen war, ging zu Mr. Murphy.

„Mr. Murphy", sagte er, „Sie wissen, dass ich Jimmy nicht behandeln darf, da ich das amerikanische Staatsexamen noch nicht abgelegt habe. In vier Monaten wird es so weit sein, aber darauf kann Jimmy nicht warten. Sie müssen sofort einen Arzt holen."

„Können wir ihn nicht in ein Krankenhaus bringen?", fragte Mr. Murphy. „Hier zu Hause können wir nicht für ihn sorgen. Ich muss zur Arbeit gehen – wegen der anderen Kinder ..."

„Jimmy kann nicht transportiert werden. Machen Sie sich deswegen keine Sorgen. Wir drei werden aufpassen. Nur zum Arzt!"

Jimmy stöhnte in seinen Fieberträumen. Sein blondes Haar klebte an seiner schweißnassen Stirn.

Der Arzt kam zweimal, ein dünner, alter Italiener mit einem Monokel und zittrigen Händen. Er kam morgens um zehn und noch einmal am Nachmittag. Gegen Mitternacht stieg das Fieber und der Atem begann zu rasseln. Kurt schickte Mr. Murphy wieder zum Arzt, aber nach einer Weile kam er allein zurück. „Er will nicht kommen", flüsterte er, Tränen hilfloser Wut in den Augen. „Ich habe seinen letzten Besuch noch nicht bezahlt. Er will erst das Geld sehen ..."

Die niedrige Stube war voll mit Menschen. Die Brüder und Schwestern Jimmys standen schlaftrunken und angstvoll im Schatten: Ein paar Nachbarn – eine dicke Italienerin, ein alter Jude mit silbrigem Bart, ein polnischer Priester – standen bei der Tür, flüsterten, zählten Münzen, schüttelten die Köpfe.

Mr. Murphy starrte auf das röchelnde Kind. Er drehte sich zu Kurt um und flüsterte wild: „Sie sind doch ein Arzt. Um Gottes willen, lassen Sie das Kind nicht sterben!" Auf einmal sahen alle auf Kurt. Sein Gesicht war blass.

Ich wusste, was in ihm vorging. In ein paar Monaten würde er sein Examen machen und ein neues Dasein beginnen. Auf der einen Seite stand das Gesetz, war leuchtende Zukunft, Frieden, Wohlstand – auf der anderen Seite war Undank gegenüber dem Land, das ihm eine neue Heimat bot, Bruch des Gesetzes und Vertrauens und, wenn er erwischt würde, neue Heimatlosigkeit, neues Elend. Dazwischen aber ein leidendes Kind, schweißüberströmt, geschüttelt von Fieber und Schmerzen ...

Zehn Tage lang kämpfte Kurt um das Leben von Jimmy Murphy. Er schlief selten und wurde dünn und hager. Aber dann war die Krisis[1] vorüber und das Kind gerettet. Und nun beginnt die eigentliche Geschichte.

H. Liepmann: Eine Gerichtsverhandlung in New York. Aus: Arno Scholz (Hrsg.): Telegraf Nr. 17/3 vom 21. 01. 1948, Telegraf Verlag Berlin 1980.

KOPIERVORLAGE

An dem Tag, an dem Jimmy zum ersten Mal aufstehen durfte, kamen zwei Detektive und verhafteten Kurt. Der alte italienische Arzt hatte Anzeige erstattet. Am gleichen Tag ging eine seltsame Bewegung durch unser Haus und unsere Straße. Die Russen, die Italiener, die Juden, die Iren und die Deutschen steckten die Köpfe zusammen und ihre grauen, alten Gesichter waren rot und zornig. Am nächsten Morgen ging kein einziger dieser Männer zur Arbeit. Sie gingen zum City-Court, dem Gericht der Stadt New York. Ich war selbst dabei. Sie füllten den Gerichtssaal, es müssen ihrer über Hundert gewesen sein, und als Kurt aufgerufen wurde, drängten sie sich alle vor und der Richter blickte erstaunt von seinem Podium herunter auf die merkwürdige, schweigende Menge von Männern, Frauen und Kindern.

„Schuldig oder nicht schuldig?", fragte der Richter. Aber bevor Kurt den Mund öffnen konnte, riefen hundert Stimmen: „Nicht schuldig!"

„Ruhe!", donnerte der Richter. „Ich werde den Saal räumen lassen, wenn ich noch einen Laut höre ..." Er wandte sich wieder an Kurt. „Angeklagter, plädieren Sie für schuldig oder ..." Und dann stockte er auf einmal und blickte auf die schweigenden alten Leute, die müden runzeligen Gesichter, die gebeugten Rücken.

„Was wollt denn ihr?", fragte der Richter ganz unzeremoniell und als mehrere auf einmal zu sprechen begannen, wies er auf Mr. Murphy, der direkt hinter Kurt stand.

„Sie da!"

Und dann begann Mr. Murphy zu sprechen und der Richter sagte gar nichts und sah von einem der alten Leute zum anderen. „ So sind wir hierher gekommen", endete Mr. Murphy, „die Nachbarn meine ich damit. Wenn Sie unseren Doktor verurteilen, wir sind hier um für ihn zu bürgen. Und wir haben gesammelt, falls er eine Geldstrafe bekommt, für das, was er begangen hat – nämlich meinem Kind das Leben gerettet. Wir haben sechsundachtzig Dollar gesammelt ..."

Der Richter erhob sich und lächelte. Es sah merkwürdig aus, wie dieser Mann im schwarzen Talar plötzlich lächelte und von seinem Podium zu Kurt hinunterstieg und seine Hand ausstreckte. „Ich drücke Ihnen die Hand", sagte der Richter mit leiser Stimme. „Sie werden einmal einen guten Amerikaner abgeben." Dann stieg er rasch auf sein Podium zurück und klopfte mit dem Hammer auf den Tisch. Alles erhob sich.

„Sie haben gegen das Gesetz verstoßen", sagte der Richter, „um einem höheren Gesetz zu gehorchen. Ich spreche Sie frei und – und Ihnen allen danke ich, dass Sie gekommen sind, um für den Angeklagten zu zeugen. – Nächster Fall!"

Heinz Liepmann

1 Krisis: Wendepunkt einer schweren Krankheit

Die Erzählung könnte völlig anders verlaufen:

Sie könnte einen anderen Schluss haben, die Figuren könnten anders reagieren und handeln oder vielleicht könnte sogar eine neue Person auftauchen.

Wähle dir eine Textstelle aus und schreibe sie um!

H. Liepmann: Eine Gerichtsverhandlung in New York. Aus: Arno Scholz (Hrsg.): Telegraf Nr. 17/3 vom 21.01.1948, Telefgraf Verlag Berlin 1980.

Meinungen gefragt:

„Sollte das Kopieren von CDs erlaubt werden?"

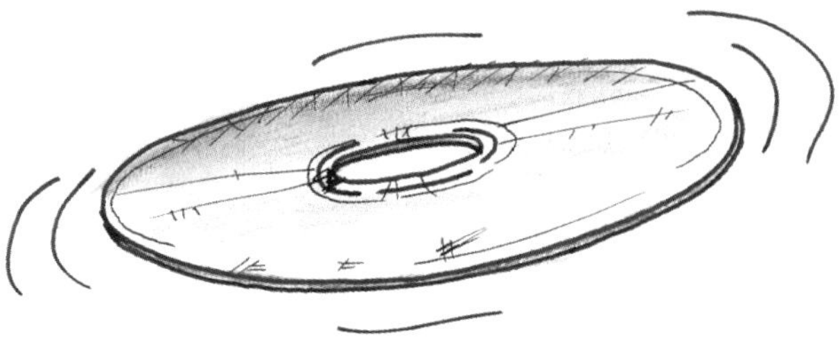

Schreibe eine Antwort aus der Sicht eines

1. Musikers
2. Jugendlichen
3. Produzenten
4. Internetanbieters

Argumentiere stichhaltig!

Rätselhaftes

Ich lebe gerne an Waldrändern, im Gras, aber auch im Schilf. Mit etwa 5 cm bin ich nicht der Größte und meine Farbe variiert von grasgrün bis schwarzgrau. Typisch sind meine langen Sprungbeine. Obwohl ich überwiegend nachts aktiv bin, sonne ich mich tagsüber gern an Schilfhalmen oder auf Blättern.

Wer bin ich? ______________________________

Erfinde selbst ein Tier- oder Pflanzenrätsel!
Verrate dabei nicht zu viel und nicht zu wenig.

Tipp: Ein Tier- bzw. Pflanzenlexikon kann sehr hilfreich sein.

Es war einmal

Vor langer Zeit, da lebte eine wunderschöne und kluge Prinzessin in einem riesigen Schloss. Ihre Schönheit war weit über die Landesgrenzen hinaus bekannt. Doch kein Edelmann konnte sie bisher aus der Nähe bewundern, denn ein vielköpfiger Drache hütete sie zusammen mit einer giftigen Schlangenbrut wie seinen Augapfel.

Wieder machte sich ein unerschrockener Prinz auf den Weg, die Ungeheuer zu besiegen. Tränenreich nahm seine Mutter von ihm Abschied. Bisher hatte es nämlich niemand geschafft, sich auch nur der Pforte zu nähern, geschweige denn, die Prinzessin zu erblicken ...

Erzähle das Märchen spannend und fantasievoll zu Ende!

Erfinde weitere Märchen!

III. Quellenangaben

H. Arp: Märchen. Aus: Gesammelte Gedichte I. Gedichte 1903–1939. Hrsg. v. Marguerite Arp-Hagenbach © 1963 by Verlags AG Die Arche, Zürich.

I. Bachmann: Reklame. Aus: Anrufung des großen Bären, R. Piper Verlag, München 1956.

J. Bauer: Eddi's Zeitreise. Aus: Stiftung Lesen/Verlagsgruppe Bertelsmann/ Deutsche Bahn AG/Mitsubishi Motors/ Partner der Stiftung Lesen (Hrsg.): Ich schenk dir eine Geschichte '99 – Neue Reisegeschichten, Omnibus, München 1999.

B. Brecht: Was ein Kind gesagt bekommt. Aus: Werke. Große kommentierte Berliner und Frankfurter Ausgabe, Band 14, © Suhrkamp Verlag, Frankfurt/Main 1993.

G. Britting: Fröhlicher Regen. Aus: Sämtliche Werke, List Verlag, München 1987 – 1996, Bd. II, S. 54.

A. Bröger: In siebzehn Minuten fährt der Zug. Aus: Stiftung Lesen/Verlagsgruppe Bertelsmann/ Deutsche Bahn AG/ Mitsubishi Motors/ Partner der Stiftung Lesen (Hrsg.): Ich schenk dir eine Geschichte '99 – Neue Reisegeschichten, Omnibus, München 1999.

G. A. Bürger: Baron von Münchhausen erzählt/Jagdabenteuer auf Ceylon (gekürzt). Aus: Wolfgang von Wurzbach (Hrsg.): Bürgers sämtliche Werke in vier Bänden, Bd. II., Max Hesses Verlag, Leipzig o. J.

W. Busch: Die Affen. Aus: Otto Nöldeke (Hrsg.): Sämtliche Werke, Bd. VI., Verlag Braun & Schneider, München 1943.

G. Bydlinski: Wann Freunde wichtig sind. Aus: Wasserhahn und Wasserhenne – Gedichte und Sprachspielereien, Dachs-Verlag, Wien 2002.

R. Döhl: Apfel. Aus: Eugen Gomringer (Hrsg.): konkrete poesie, Reclam, Stuttgart 1972.

J. v. Eichendorff: Winternacht. Aus: Gerhard Baumann/Siegfried Grosse (Hrsg.): Neue Gesamtausgabe der Werke und Schriften in vier Bänden, Bd. I., J. G. Cotta'sche Buchhandlung Nachf., Stuttgart 1957.

F. Endrikat: Wochenbrevier. Aus: Eine Auswahl seiner moralischen und „unmoralischen" Verse, Blanvalet Verlag, Berlin 1960.

H. M. Enzensberger: Bildzeitung. Aus: Verteidigung der Wölfe. © Suhrkamp Verlag, Frankfurt/Main 1957.

Th. Fontane: John Maynard. Aus: Edgar Groß/Kurt Schreinert (Hrsg.): Sämtliche Werke, Bd. XX, Nymphenburger Verlaghandlung, München 1962.

E. Gomringer: Wind. Aus: Eugen Gomringer (Hrsg.): konkrete poesie, Reclam, Stuttgart 1973.

U. Hahn: Schöne Landschaft. Aus: Freudenfeuer © 1985 Deutsche Verlags-Anstalt GmbH, Stuttgart.

F. Hauser: Wozu?. Aus: Gedichte, Hammer Verlag, Wuppertal o. J.

G. Heym: April. Aus: K. L. Schneider (Hrsg.): Dichtungen und Schriften, Gesamtausgabe in sechs Bänden, Ellermann, Hamburg – München 1968.

E. Jandl: Auf dem Land. Aus: Gesammelte Werke, Luchterhand, Darmstadt und Neuwied 1985.

E. Jandl: Markierung einer Wende. Aus: Sprechblasen, Luchterhand, Neuwied und Berlin 1970.

W. Jens: Bericht über Hattington. Aus: Herr Meister – Dialog über einen Roman, R. Piper Verlag, München 1963.

E. Kästner: Der Renommist. Aus: Der tägliche Kram, Atrium, Zürich 1954.

P. Keller: Die Schnecke. Aus: Stille Straßen – Ein Buch von kleinen Leuten und großen Dingen, Allgem. Verlags-Gesellschaft m. b. H., Berlin – München – Wien, 11.–13. Aufl. o. J.

I. Kleberger: Sommer. Aus: Joachim Gelberg (Hrsg.): Die Stadt der Kinder, Georg Bitter, Recklinghausen 1969.

K. Konjetzky: An die Eltern. Aus: Joachim Fuhrmann (Hrsg.): Tagtäglich, Gedichte, Rowohlt, Reinbek 1986.

III. Quellenangaben

K. Krolow: Schultag. Aus: Gesammelte Gedichte, Band 2 © Suhrkamp Verlag, Frankfurt/Main 1975.

H. Liepmann: Eine Gerichtsverhandlung in New York. Aus: Arno Scholz (Hrsg.): Telegraf Nr. 17/3 vom 21. 01. 1948, Telegraf Verlag Berlin 1980.

F. v. Logau: Des Krieges Buchstaben. Aus: J. Kürschner (Hrsg.): Deutsche Nationalliteratur, Bd. 28, Spemann Verlag , Berlin oder Stuttgart o. J.

A. Miegel: Frühling. Aus: Frühe Gedichte, J. G. Cotta'sche Buchhandlung Nachf., Stuttgart 1944.

C. Morgenstern: Neue Bildungen, der Natur vorgeschlagen. Aus: Alte Galgenlieder, Insel Verlag, Wiesbaden 1958.

E. Roth: Das Ferngespräch. Aus: Mensch und Unmensch, Carl Hanser Verlag, München 1961.

A. Schweiggert: Auch ein Urlaubs-Abc. Aus: Seht wie die Zeit vergeht, Beltz Verlag, Weinheim o. J.

H. Seidel: November. Aus: Gesammelte Schriften, Bd. XI., Verlag A. G. Liebeskind, Leipzig 1893. (Cotta'sche Buchhandlung)

J. Thurber: Die Kaninchen, die an allem schuld waren. Aus: Paul Alverdes (Hrsg.): Rabe, Fuchs und Löwe © Verlagsgruppe Lübbe GmbH & Co. KG, Bergisch Gladbach.